中华人民共和国
“十三五”旅游业发展规划

中国旅游出版社

目　录

国务院关于印发“十三五”旅游业发展规划的通知

国发〔2016〕70号

各省、自治区、直辖市人民政府，国务院各部委、各直属机构：

现将《“十三五”旅游业发展规划》印发给你们，请认真贯彻执行。

国务院

2016年12月7日

“十三五”旅游业发展规划

为认真贯彻《中华人民共和国国民经济和社会发展第十三个五年规划纲要》,根据《中华人民共和国旅游法》,制定本规划。

第一章　把握机遇　迎接大众旅游新时代

第一节　“十二五”旅游业发展成就

改革开放以来，我国实现了从旅游短缺型国家到旅游大国的历史性跨越。“十二五”期间,旅游业全面融入国家战略体系，走向国民经济建设的前沿，成为国民经济战略性支柱产业。

战略性支柱产业基本形成。2015 年，旅游业对国民经济的综合贡献度达到 10.8%。国内旅游、入境旅游、出境旅游全面繁荣发展，已成为世界第一大出境旅游客源国和全球第四大入境旅游接待国。旅游业成为社会投资热点和综合性大产业。

综合带动功能全面凸显。“十二五”期间，旅游业对社会就业综合贡献度为 10.2%。旅游业成为传播中华传统文化、弘扬社会主义核心价值观的重要渠道，成为生态文明建设的重要力量，并带动大量贫困人口脱贫，绿水青山正在成为金山银山。

现代治理体系初步建立。《中华人民共和国旅游法》公布实施，依法治旅、依法促旅加快推进。建立了国务院旅游工作部际联席会议制度，出台了《国民旅游休闲纲要（2013—2020年）》、《国务院关于促进旅游业改革发展的若干意见》（国发〔2014〕31号）等文件，各地出台了旅游条例等法规制度，形成了以旅游法为核心、政策法规和地方条例为支撑的法律政策体系。

国际地位和影响力大幅提升。出境旅游人数和旅游消费均列世界第一，与世界各国各地区及国际旅游组织的合作不断加强。积极配合国家总体外交战略，举办了中美、中俄、中印、中韩旅游年等具有影响力的旅游交流活动，旅游外交工作格局开始形成。

专栏1 “十二五”旅游规划主要指标完成情况

指标		规划目标		完成情况	
		2015年	年均增速（%）	2015年	完成程度（%）
旅游业总收入（万亿元）		2.5	10	4.13	165
国内旅游人数	（亿人次）	33	10	40	121
	居民出游率（次/人）	2.3	—	3	130
国内旅游收入（万亿元）		2.1	11	3.42	163
入境旅游人数（亿人次）		1.32	3	1.34	102
入境过夜旅游人数（万人次）		5680	8	5689	100
外国人入境旅游人数（万人次）		2573	4.5	2599	101
旅游外汇收入（亿美元）		580	5	1136.5	196
出境旅游人数（万人次）		8800	9	11700	133
直接就业（万人）		1450	4.7	2798	193

第二节 “十三五”旅游业发展机遇

全面建成小康社会对旅游业发展提出了更高要求，为旅游业发展提供了重大机遇，我国旅游业将迎来新一轮黄金发展期。

全面建成小康社会有利于大众旅游消费持续快速增长。随着全面建成小康社会深入推进，城乡居民收入稳步增长，消费结构加速升级，人民群众健康水平大幅提升，带薪休假制度逐步落实，假日制度不断完善，基础设施条件不断改善，航空、高铁、高速公路等快速发展，旅游消费得到快速释放，为旅游业发展奠定良好基础。

贯彻五大发展理念有利于旅游业成为优势产业。旅游业具有内生的创新引领性、协调带动性、开放互动性、环境友好性、共建共享性，与五大发展理念高度契合。贯彻落实五大发展理念将进一步激发旅游业发展动力和活力，促进旅游业成为新常态下的优势产业。

推进供给侧结构性改革有利于促进旅游业转型升级。供给侧结构性改革将通过市场配置资源和更为有利的产业政策，促进增加有效供给，促进中高端产品开发，优化旅游供给结构，推动旅游业由低水平供需平衡向高水平供需平衡提升。

旅游业被确立为幸福产业有利于优化旅游发展环境。旅游业作为惠民生的重要领域，成为改善民生的重要内容，将推动各级政府更加重视旅游业发展，促进更多的城乡居民参与旅游，带动企业投资旅游，旅游业发展环境将进一步优化。

良好外部环境有利于我国旅游业发展。全球旅游业将持续稳定发展，增速将继续高于世界经济增速。亚太地区旅游业保持强劲增长，全球旅游重心将加速东移，我国旅游业发展处于较为有利的国际环境之中。

“十三五”期间，我国旅游业处于黄金发展期、结构调整期和矛盾凸显期，也面临不少挑战。主要是旅游业发展的体制机制与综合产业和综合执法的要求不相适应，政策环境有待优化；旅游基础设施和公共服务明显滞后，补短板任务艰巨；游客的文明素质和从业人员的整体素质有待提升，市场秩序有待规范等。这些问题要在“十三五”期间重点加以解决。

第三节　“十三五”旅游业发展趋势

“十三五”期间，我国旅游业将呈现以下发展趋势：

消费大众化。随着全面建成小康社会持续推进，旅游已经成为人民群众日常生活的重要组成部分。自助游、自驾游成为主要的出游方式。

需求品质化。人民群众休闲度假需求快速增长，对基础设施、公共服务、生态环境的要求越来越高，对个性化、特色化旅游产品和服务的要求越来越高，旅游需求的品质化和中高端化趋势日益明显。

竞争国际化。各国各地区普遍将发展旅游业作为参与国际市场分工、提升国际竞争力的重要手段，纷纷出台促进旅游业发展的政策措施，推动旅游市场全球化、旅游竞争国际化，竞争领域从争夺客源市场扩大到旅游业发展的各个方面。

发展全域化。以抓点为特征的景点旅游发展模式向区域资源整合、产业融合、共建共享的全域旅游发展模式加速转变，旅游业与农业、林业、水利、工业、科技、文化、体育、健康医疗等产业深度融合。

产业现代化。科学技术、文化创意、经营管理和高端人才对推动旅游业发展的作用日益增大。云计算、物联网、大数据等现代信息技术在旅游业的应用更加广泛。产业体系的现代化成为旅游业发展的必然趋势。

第二章　转型升级　明确旅游业发展新要求

第一节　指导思想

“十三五”旅游业发展的指导思想是：高举中国特色社会主义伟大旗帜，全面贯彻党的十八大和十八届三中、四中、五中、六中全会精神，深入贯彻习近平总书记系列重要讲话精神，落实党中央、国务院决策部署，按照“五位一体”总体布局和“四个全面”战略布局，牢固树立和贯彻落实创新、协调、绿色、开放、共享发展理念，以转型升级、提质增效为主题，以推动全域旅游发展为主线，加快推进供给侧结构性改革，努力建成全面小康型旅游大国，将旅游业培育成经济转型升级重要推动力、生态文明建设重要引领产业、展示国家综合实力的重要载体、打赢脱贫攻坚战的重要生力军，为实现中华民族伟大复兴的中国梦作出重要贡献。

第二节　基本原则

“十三五”旅游业发展要遵循以下原则：

坚持市场主导。发挥市场在资源配置中的决定性作用，遵循旅游市场内在规律，尊重企业的市场主体地位。更好发挥政府作用，营造良好的基础环境、发展环境和公共服务环境。

坚持改革开放。改革体制机制，释放旅游业的发展活力，形成宏观调控有力、微观放宽搞活的发展局面。统筹国际国内两个大局，用好两个市场、两种资源，形成内外联动、相互促进的发展格局。

坚持创新驱动。以创新推动旅游业转型升级，推动旅游业从资源驱动和低水平要素驱动向创新驱动转变，使创新成为旅游业发展的不竭动力。

坚持绿色发展。牢固树立"绿水青山就是金山银山"的理念，将绿色发展贯穿到旅游规划、开发、管理、服务全过程，形成人与自然和谐发展的现代旅游业新格局。

坚持以人为本。把人民群众满意作为旅游业发展的根本目的，通过旅游促进人的全面发展，使旅游业成为提升人民群众品质生活的幸福产业。

第三节　发展目标

"十三五"旅游业发展的主要目标是：

旅游经济稳步增长。城乡居民出游人数年均增长10%左右，旅游总收入年均增长11%以上，旅游直接投资年均增长14%以上。到2020年，旅游市场总规模达到67亿人次，旅游投资总额2万亿元，旅游业总收入达到7万亿元。

综合效益显著提升。旅游业对国民经济的综合贡献度达到12%，对餐饮、住宿、民航、铁路客运业的综合贡献率达到85%以上，年均新增旅游就业人数100万人以上。

人民群众更加满意。“厕所革命”取得显著成效，旅游交通更为便捷，旅游公共服务更加健全，带薪休假制度加快落实，市场秩序显著好转，文明旅游蔚然成风，旅游环境更加优美。

国际影响力大幅提升。入境旅游持续增长，出境旅游健康发展，与旅游业发达国家的差距明显缩小，在全球旅游规则制定和国际旅游事务中的话语权和影响力明显提升。

专栏 2　“十三五”期间旅游业发展主要指标

指　　标	2015 年实际数	2020 年规划数	年均增速（%）
国内旅游人数（亿人次）	40	64	9.86
入境旅游人数（亿人次）	1.34	1.50	2.28
出境旅游人数（亿人次）	1.17	1.50	5.09
旅游业总收入（万亿元）	4.13	7.00	11.18
旅游投资规模（万亿元）	1.01	2.00	14.65
旅游业综合贡献度（%）	10.8	12.00	-

第三章　创新驱动　增强旅游业发展新动能

第一节　理念创新　构建发展新模式

改革开放以来，我国旅游业主要依靠景点景区、宾馆饭店等基础旅游要素的发展模式，已经不能适应大众旅游新时代的要求。“十三五”时期，必须创新发展理念，转变发展思路，加快由景点旅游发展模式向全域旅游发展模式转变，促进旅游发展阶段演进，实现旅游业发展战略提升。

围绕全域统筹规划，全域资源整合，全要素综合调动，全社会共治共管、共建共享的目标，在推动综合管理体制改革方面取得新突破；创新规划理念，将全域旅游发展贯彻到城乡建设、土地利用、生态保护等各类规划中，在旅游引领“多规合一”方面取得新突破；补齐短板，加强旅游基础设施建设，在公共服务设施建设方面取得新突破；推进融合发展，丰富旅游供给，形成综合新动能，在推进“旅游+”方面取得新突破；实施旅游扶贫，推进旅游增收富民，在旅游精准扶贫方面取得新突破；规范市场秩序，加强旅游综合执法，在文明旅游方面取得新突破；完善旅游业发展评价考核体系，在健全旅游业统计体系方面取得新突破；保护城乡风貌和自然生态环境，在优化城乡旅游环境方面取得新突破。“十三五”期间，创建500个左右全域旅游示范区。（国家旅游局、国家发展改革委等。责任单位为多个部门的，排在第一位的为牵头单位，下同）

第二节　产品创新　扩大旅游新供给

适应大众化旅游发展，优化旅游产品结构，创新旅游产品体系。

一、推动精品景区建设

全面提升以A级景区为代表的观光旅游产品，着力加强3A级以上景区建设，优化5A级景区布局。重点支持中西部地区观光旅游产品精品化发展。强化A级景区复核和退出机制，实现高等级景区退出机制常态化。（国家旅游局）

二、加快休闲度假产品开发

大力开发温泉、冰雪、滨海、海岛、山地、森林、养生等休闲度假旅游产品，建设一批旅游度假区和国民度假地。支持东部地区加快发展休闲度假旅游，鼓励中西部地区发挥资源优势开发特色休闲度假产品。加快推进环城市休闲度假带建设。（国家旅游局、国土资源部、住房城乡建设部、国家林业局、国家海洋局等）

三、大力发展乡村旅游

坚持个性化、特色化、市场化发展方向，加大乡村旅游规划指导、市场推广和人才培训力度，促进乡村旅游健康发展。建立乡村旅游重点村名录，开展乡村旅游环境整治，推进“厕所革命”向乡村旅游延伸。实施乡村旅游后备箱行动，推动农副土特产品通过旅游渠道销售，增加农民收入。实施乡村旅游创客行动计划，支持旅游志愿者、艺术和科技工作者驻村帮扶、创业就业，推出一批乡村旅游创客基地和以乡情教育为特色的研学旅行示范基地。创新乡村旅游组织方式，推广乡村旅游合作社模式，使亿万农民通过乡村旅游受益。（国家旅游局、国家发展改革委、教育部、人力资源社会保障部、住房城乡建设部、农业部、商务部、文化部等）

四、提升红色旅游发展水平

突出社会效益，强化教育功能，以培育和践行社会主义核心价值观为根本，将红色旅游打造成常学常新的理想信念教育课堂，进一步坚定中国特色社会主义道路自信、理论自信、制度自信、文化自信。推进爱国主义和革命传统教育大众化、常态化。坚持实事求是，相关设施建设要体现应有功能，保障基本需要，同红色纪念设施相得益彰。加强统筹规划，注重与脱贫攻坚、区域发展、城乡建设相衔接，促进融合发展。改革体制机制，创新工作模式，引导社会参与，增强红色旅游发展活力。（国家发展改革委、中央宣传部、财政部、国家旅游局、国家文物局等）

专栏3 红色旅游发展工程
（一）完善全国红色旅游经典景区体系。深挖红色内涵，完善道路交通和服务设施条件，提升服务水平。选择红色资源丰富、基础设施完善、展陈效果较好、教育功能突出、有一定品牌知名度的景区给予重点支持。整合周边自然生态、传统文化、特色乡村等旅游资源，打造推出一批复合型旅游产品，形成覆盖更加全面、内涵更加丰富、特色更加鲜明的景区体系。 **（二）着力凸显红色旅游教育功能。**结合建党、建军、建立新中国和重要历史事件等重大纪念日，组织系列宣传推广活动。推动大中小学生社会实践活动与红色旅游相结合，依托红色旅游景区组织参观活动，接受红色教育。开展“红色旅游进校园”等形式多样的课外实践活动，深化青少年社会主义核心价值观教育。加强红色旅游国际交流合作，推广红色旅游产品线路。 **（三）积极发挥红色旅游脱贫攻坚作用。**围绕脱贫攻坚目标，紧密结合集中连片特困地区扶贫开发和革命老区振兴发展，整合当地资源，拓展红色旅游扶贫富民功能。支持当地群众参与餐饮、住宿等经营服务，带动当地贫困人口就业。引导革命老区群众因地制宜发展适合老区的种养业和特色手工业，开发特色旅游商品，培育富有红色文化内涵的旅游品牌。

五、加快发展自驾车旅居车旅游

建设一批公共服务完善的自驾车旅居车旅游线路和旅游目的地，培育营地连锁品牌企业，增强旅居车产品设计制造与技术保障能力，形成网络化的营地服务体系和比较完整的自驾车旅居车旅游产业链。（国家旅游局、国家发展改革委、工业和信息化部、公安部、财政部、国土资源部、环境保护部、住房城乡建设部、交通运输部、体育总局、工商总局）

专栏 4　自驾车旅居车旅游推进计划

（一）编制规划与标准。出台国家旅游风景道自驾车旅居车营地建设规划，制定出台自驾游目的地基础设施和公共服务标准。

（二）完善公共服务体系。将营地标识纳入公共交通标识体系。鼓励服务商利用北斗卫星导航系统智能服务平台提供自驾游线路导航、交通联系、安全救援和汽车维修保养等配套服务。完善自驾游服务体系。

（三）加快营地建设。积极发挥社会资本在建设自驾车旅居车营地中的主导作用。评选一批建设经营和管理服务水平高的示范性营地，引导营地功能升级。到 2020 年建设 2000 个营地。

（四）提升租赁服务。大力发展自驾车旅居车租赁产业，促进落地自驾游发展，开展异地还车业务。放宽旅居车租赁企业的资质申请条件和经营范围、经营规模限制，鼓励取得汽车租赁经营许可的企业从事自行式和拖挂式旅居车租赁业务。

（五）加强科学管理。严格落实自驾车旅居车营地住宿实名登记制度。强化营地的安全防护和消防设施建设，加快自驾游呼叫中心和紧急救援基地建设，健全自驾游信息的统计、监测与预警系统。

（六）发展相关制造业。将旅居车纳入汽车行业发展规划，建立旅居车整车和相关零配件制造技术标准体系。畅通旅居车零配件供应和维修渠道，延伸旅居车产业链。

（七）推广旅居生活新方式。积极推广自驾车旅居车露营旅游新方式，传播自驾车旅居车旅游文化品牌，推广精品自驾车线路。举办自驾车旅居车旅游博览会。大力培育青少年露营文化。研究改进旅居车驾驶证管理制度。

六、大力发展海洋及滨水旅游

加大海岛旅游投资开发力度，建设一批海岛旅游目的地。加快海南国际旅游岛、平潭国际旅游岛建设，推进横琴岛等旅游开发。制定邮轮旅游发展规划，有序推进邮轮旅游基础设施建设，改善和提升港口、船舶及配套设施的技术水平。推动国际邮轮访问港建设，扩大国际邮轮入境外国旅游团 15 天免签政策适用区域，有序扩大试点港口城市范围。支持天津、上海、广州、深圳、厦门、青岛等地开展邮轮旅游。制定游艇旅游发展指导意见，发展适合大众消费的中小型游艇。支持长江流域等有条件的江河、湖泊有序发展内河游轮旅游。（国家旅游局、国家发展改革委、工业和信息化部、公安部、交通运输部、水利部、国家海洋局等）

专栏 5　邮轮游艇旅游发展计划
（一）加强基础设施建设。制定实施邮轮港口布局规划，形成布局合理的始发港、访问港邮轮港口体系。建设一批公共游艇码头和水上运动中心。促进邮轮运输与航空、铁路、公路等其他运输方式的有效衔接。 **（二）开发特色旅游线路。**打造具有特色的邮轮航线，探索开辟无目的地邮轮航线、洲际及环球邮轮航线。出台系列政策措施，大力发展国际邮轮入境游。 **（三）壮大邮轮市场主体。**鼓励多元资本进入邮轮旅游产业，加强与外资邮轮企业合作，支持本土邮轮企业发展。 **（四）促进游艇租赁消费。**鼓励开展游艇租赁业务，规范游艇租赁运营管理，培育大众游艇消费，推出一批游艇休闲示范项目。 **（五）培养邮轮游艇人才。**加快培养邮轮游艇驾驶人员、海乘、维修保养、法律咨询、经营管理等专业人才。

七、大力发展冰雪旅游

以办好 2022 年冬奥会为契机，大力推进冰雪旅游发展。支持黑龙江、吉林等地做好冰雪旅游专项规划。建设一批融滑雪、登山、徒步、露营等多种旅游活动为一体的冰雪旅游度假区或度假地，推出一批复合型冰雪旅游基地，鼓励冰雪场馆开发大众化冰雪旅游项目。支持冰雪设备和运动装备开发。推动建立冰雪旅游推广联盟，搭建冰雪旅游会展平台。支持院校与企业合作，培养冰雪旅游专业化人才。（国家旅游局、工业和

信息化部、教育部、商务部、体育总局）

八、加快培育低空旅游

结合低空空域开放试点，选择一批符合条件的景区、城镇开展航空体验、航空运动等多种形式的低空旅游。开发连接旅游景区、运动基地、特色小镇的低空旅游线路。提高航油、通信、导航、气象等保障能力。出台低空旅游管理办法，强化安全监管。支持低空旅游通用航空装备自主研制，建设低空旅游产业园。（国家发展改革委、工业和信息化部、体育总局、国家旅游局、中国民航局等）

第三节　业态创新　拓展发展新领域

实施“旅游+”战略，推动旅游与城镇化、新型工业化、农业现代化和现代服务业的融合发展，拓展旅游发展新领域。

一、旅游+城镇化

完善城市旅游基础设施和公共服务设施，支持大型旅游综合体、主题功能区、中央游憩区等建设。发展城市绿道、骑行公园、慢行系统，拓展城市运动休闲空间。加强规划引导和规范管理，推动主题公园创新发展。建设一批旅游风情小镇和特色景观名镇。（国家旅游局、住房城乡建设部）

二、旅游+新型工业化

鼓励工业企业因地制宜发展工业旅游，促进转型升级。支持老工业城市和资源型城市通过发展工业遗产旅游助力城市转型发展。推出一批工业旅游示范基地。大力发展旅游用品、户外休闲用品、特色旅游商品制造业。培育一批旅游装备制造业基地，鼓励企业自主研发，并按规定享受国家鼓励科技创新政

策。（工业和信息化部、国家发展改革委、科技部、国家旅游局、中国民航局等）

三、旅游+农业现代化

加强规划引导，开展农业遗产普查与保护。大力发展观光农业和休闲农业，推动科技、人文等元素融入农业，发展田园艺术景观、阳台农艺等创意农业，发展定制农业、会展农业和众筹农业等新型农业业态。推进现代农业庄园发展，开展农耕、采摘、饲养等农事活动，促进农业综合开发利用，提高农业附加值。（农业部、国家旅游局）

四、旅游+现代服务业

促进旅游与文化融合发展。培育以文物保护单位、博物馆、非物质文化遗产保护利用设施和实践活动为支撑的体验旅游、研学旅行和传统村落休闲旅游。扶持旅游与文化创意产品开发、数字文化产业相融合。发展文化演艺旅游，推动旅游实景演出发展，打造传统节庆旅游品牌。推动"多彩民族"文化旅游示范区建设，集中打造一批民族特色村镇。（文化部、国家民委、国家旅游局、国家文物局）

促进旅游与健康医疗融合发展。鼓励各地利用优势医疗资源和特色资源，建设一批健康医疗旅游示范基地。发展中医药健康旅游，启动中医药健康旅游示范区、示范基地和示范项目建设。发展温泉旅游，建设综合性康养旅游基地。制定老年旅游专项规划和服务标准，开发多样化老年旅游产品。引导社会资本发展非营利性乡村养老机构，完善景区无障碍旅游设施，完善老年旅游保险产品。（国家旅游局、国家民委、国家卫生计生委、保监会、国家中医药局、全国老龄委、中国残联）

促进旅游与教育融合发展。将研学旅行作为青少年爱国主义和革命传统教育、国情教育的重要载体，纳入中小学生综合素质教育范畴，培养学生的社会责任感、创新精神和实践能力。开展文物古迹、古生物化石等专题研学旅行。成立游学联盟，鼓励对研学旅行给予价格优惠。规范中小学生赴境外研学旅行活动。加强组织管理，完善安全保障机制。（国家旅游局、国家发展改革委、教育部、国家文物局）

促进旅游与体育融合发展。编制体育旅游发展纲要，建成一批具有影响力的体育旅游目的地，建设一批体育旅游示范基地，推出一批体育旅游精品赛事和精品线路。培育具有国际知名度和市场竞争力的体育旅游企业和品牌。引导和鼓励特色体育场馆、设施和基地向旅游者开放共享。支持有条件的地方举办有影响力的体育旅游活动。（国家旅游局、体育总局）

促进旅游与商务会展融合发展。加快北京、上海、杭州、昆明等商务会展旅游目的地建设，发展国际化、专业化的商务会议会展旅游业。加快相关场馆设施建设，培育具有国际影响力的会议会展品牌，提高会展旅游专业化水平。加大会议会展促销力度。（国家旅游局、商务部等）

第四节　技术创新　打造发展新引擎

大力推动旅游科技创新，打造旅游发展科技引擎。推进旅游互联网基础设施建设，加快机场、车站、码头、宾馆饭店、景区景点、乡村旅游点等重点涉旅区域无线网络建设。推动游客集中区、环境敏感区、高风险地区物联网设施建设。（工业

和信息化部、科技部、国家旅游局）

建设旅游产业大数据平台。构建全国旅游产业运行监测平台，建立旅游与公安、交通、统计等部门数据共享机制，形成旅游产业大数据平台。实施“互联网+旅游”创新创业行动计划。建设一批国家智慧旅游城市、智慧旅游景区、智慧旅游企业、智慧旅游乡村。支持“互联网+旅游目的地联盟”建设。规范旅游业与互联网金融合作，探索“互联网+旅游”新型消费信用体系。到“十三五”期末，在线旅游消费支出占旅游消费支出20%以上，4A级以上景区实现免费WiFi、智能导游、电子讲解、在线预订、信息推送等全覆盖。（国家旅游局、工业和信息化部、银监会等）

专栏6　旅游信息化提升工程

（一）建设“12301”智慧旅游公共服务平台。建立面向游客和企业的旅游公共服务平台，完善旅游公共信息发布及资讯平台、旅游产业运行监管平台、景区门票预约与客流预警平台、旅游大数据集成平台。

（二）建设旅游行业监管综合平台。完善旅游团队服务管理系统、导游公共服务监管平台、旅游质监执法平台、旅游住宿业标准化管理信息系统、旅行社网上审批系统、旅游志愿者服务管理信息平台、旅游诚信网等。

（三）建设旅游应急指挥体系。建立覆盖主要旅游目的地的实时数据和影像采集系统，建立上下联通、横向贯通的旅游网络数据热线，实现对景区、旅游集散地、线路和区域的突发事件应急处理及客流预测预警。

（四）建设旅游信息化标准体系。建成涵盖旅游服务业态、信息数据、技术体系等在内的旅游信息化标准体系。

（五）建设国家旅游基础数据库。建立旅游统计年鉴数据库、旅游企业直报数据库、国内旅游抽样调查基础数据库、入境花费调查基础数据库、国际旅游基础数据库、旅游产业基础数据库。

第五节　主体创新　提高发展新效能

依托有竞争力的旅游骨干企业，通过强强联合、跨地区兼并重组、境外并购和投资合作及发行上市等途径，促进规模化、品牌化、网络化经营，形成一批大型旅游企业集团。支持旅游企业通过自主开发、联合开发、并购等方式发展知名旅游品牌。（国家旅游局、国家发展改革委、国务院国资委等）

大力发展旅游电子商务，推动网络营销、网络预订、网上支付以及咨询服务等旅游业务发展。规范发展在线旅游租车和在线度假租赁等新业态。支持互联网旅游企业整合上下游及平行企业资源、要素和技术，推动"互联网+旅游"融合，培育新型互联网旅游龙头企业。（国家旅游局、工业和信息化部、商务部等）

支持中小微旅游企业特色化、专业化发展。加快推进中小旅游企业服务体系建设，打造中小微旅游企业创新创业公共平台，发挥其对自主创新创业的孵化作用。（国家旅游局、国家发展改革委）

积极培育具有世界影响力的旅游院校和科研机构，鼓励院校与企业共建旅游创新创业学院或企业内部办学。支持旅游规划、设计、咨询、营销等旅游相关智力型企业发展。构建产学研一体化平台，提升旅游业创新创意水平和科学发展能力。（国家旅游局、教育部）

第四章　协调推进　提升旅游业发展质量

第一节　优化空间布局　构筑新型旅游功能区

按照分类指导、分区推进、重点突破的原则，全面推进跨区域资源要素整合，加快旅游产业集聚发展，构筑新型旅游功能区，构建旅游业发展新格局。

一、做强跨区域旅游城市群

京津冀旅游城市群。全面贯彻落实京津冀协同发展战略，发挥京津旅游辐射作用，构建城市旅游分工协同体系，推进京津冀旅游一体化进程，打造世界一流旅游目的地。

长三角旅游城市群。全面推进旅游国际化进程，大力推动旅游业与现代服务业融合发展，建设一批高品质的旅游度假区、都市休闲区和乡村度假地，形成面向全球、引领全国的世界级旅游城市群，建设亚太地区重要国际旅游门户。

珠三角旅游城市群。充分利用紧邻港澳区域优势，创新出入境管理方式，促进旅游消费便利化，推进城市群与港澳旅游服务贸易自由化，建设具有世界影响力的商务旅游目的地和海上丝绸之路旅游核心门户。

成渝旅游城市群。充分发挥长江上游核心城市作用，依托川渝独特的生态和文化，建设自然与文化遗产国际精品旅游区，打造西部旅游辐射中心。

长江中游旅游城市群。依托长江黄金水道，发挥立体交通网络优势，推动生态旅游、文化旅游、红色旅游、低空旅游和自驾车旅游发展，打造连接东西、辐射南北的全国旅游产业发

展引领示范区。（国家旅游局、国家发展改革委、住房城乡建设部、交通运输部等）

二、培育跨区域特色旅游功能区

依托跨区域的自然山水和完整的地域文化单元，培育一批跨区域特色旅游功能区，构建特色鲜明、品牌突出的区域旅游业发展增长极。（国家旅游局、国家发展改革委、环境保护部、住房城乡建设部、交通运输部、文化部、国家海洋局等）

专栏7　特色旅游功能区推进计划

（一）香格里拉民族文化旅游区： 涉及四川、云南、西藏3省区。加强旅游基础设施以及自驾车旅游廊道建设，积极推进以昌都、康定、西昌、香格里拉等为核心的旅游城市建设，实施大生态建设与大文化旅游综合开发协调推进，建设具有全球影响力的一流文化生态旅游目的地。

（二）太行山生态文化旅游区： 涉及北京、河北、山西、河南4省市。加快保定、石家庄、安阳、鹤壁、新乡、焦作、忻州、太原、阳泉、晋中、长治等旅游城市和旅游集散中心建设。积极推动特色旅游小镇建设，推进旅游精准扶贫，建设全国知名的生态文化旅游目的地。

（三）武陵山生态文化旅游区： 涉及湖北、湖南、重庆、贵州4省市。积极推进黔江、恩施、吉首、张家界、怀化、铜仁、遵义等建设中心旅游城市。加快核心旅游区的转型升级和新旅游区的规划建设。以旅游基础设施建设推进跨区域精品旅游线路组织，推进民族文化旅游发展，建设国际知名的生态文化旅游目的地。

（四）长江三峡山水人文旅游区： 涉及湖北、重庆2省市。完善重庆、宜昌等城市旅游功能，推进长江游轮旅游提档升级，推动旅游业与库区移民搬迁和经济转型紧密结合，实现三峡旅游的水陆联动，全面提升三峡国际旅游目的地整体水平。

（五）大别山红色旅游区： 涉及安徽、河南、湖北3省。全面提升红色旅游发展水平，积极推动黄冈、信阳、六安、安庆、随州、驻马店等核心旅游城市建设。加大交通基础设施投入，推进国家旅游风景道建设，积极推进旅游精准扶贫，建设全国知名的红色旅游目的地。

（六）罗霄山红色旅游区：涉及江西、湖南2省。建设以赣州、井冈山、瑞金和吉安为核心的支点旅游城市。发挥井冈山旅游区引领作用，做大做强红色旅游。加强生态环境保护，推进旅游精准扶贫，建设红色生态文化旅游目的地。

（七）乌蒙山民族文化旅游区：涉及云南、贵州2省。建设毕节、遵义和赤水等重要旅游中心城市，推进旅游区（点）的开发建设，培育民族文化旅游品牌，建设全国知名的民族生态文化旅游目的地。

（八）秦巴山区生态文化旅游区：涉及河南、湖北、重庆、四川、陕西、甘肃6省市。强化西安旅游枢纽地位，统筹宝鸡、渭南、天水、汉中、安康、商洛、陇南、十堰等城市集散功能。加强生态环境保护，推进核心旅游区产业空间集聚。完善秦岭南北通道交通和自驾车旅游廊道体系，建设全球知名的生态旅游目的地。

（九）长白山森林生态旅游区：以延边和长白山等为依托，形成长白山旅游产业功能区。推进国家旅游风景道建设，建设森林生态旅游和冰雪旅游目的地。

（十）大小兴安岭森林生态旅游区：涉及内蒙古、黑龙江2省区。全面提升塔河、漠河、黑河、鹤岗、伊春等城市旅游功能。大力开发冰雪旅游、森林旅游和温泉度假旅游产品，推动旅游业与林区生态保护、林业转型融合，建设全国著名的森林生态旅游目的地。

（十一）中原文化旅游区：包括河南豫中、陕西关中、山西晋中地区。以西安、郑州、太原为中心，积极推进晋中、运城、洛阳、开封、渭南、宝鸡等城市文化旅游水平。推动城市文化创意产业和文化旅游综合体发展，建设世界著名的华夏文明旅游目的地。

（十二）海峡西岸旅游区：涉及浙江、福建、江西、广东4省。提升福州、厦门、宁德、泉州、温州、汕头等城市旅游业国际化发展水平。推进平潭综合试验区旅游开放开发，创新两岸旅游合作模式，共同建设世界旅游目的地。

（十三）南海海洋文化旅游区：以海口、三亚、三沙为核心，积极推进南海旅游开放开发，建设全球著名的国际海洋度假旅游目的地。

（十四）北部湾海洋文化旅游区：涉及广西、海南2省区。以广西滨海特色旅游城市为引领，推进国际旅游集散中心建设。推进边境旅游合作示范区建设，促进与东盟国家的旅游合作，建设国际知名的海洋旅游目的地和国际区域旅游合作典范区。

（十五）六盘山生态文化旅游区：涉及陕西、甘肃、青海、宁夏4省区。加大旅游区开发建设力度，推动核心旅游区转型升级。发展民族文化生态旅游，推进旅游精准扶贫。加强旅游基础设施建设，完善旅游公共服务，建设我国西部重要的山地生态旅游目的地。

（十六）祁连山生态文化旅游区：涉及甘肃、青海2省。以旅游资源保护为基础，推动祁连山国家旅游风景道建设。完善酒泉、武威、张掖、敦煌、德令哈、西宁等城市旅游功能，建设全国著名的自驾车户外旅游基地和特种旅游目的地。

（十七）南岭森林生态文化旅游区：完善桂林、永州、贺州、郴州、清远、韶关、赣州等城市旅游功能，推进旅游集散基地和道路交通基础设施建设。以生态环境保护为基础，推进跨区域自驾车旅游廊道建设。推进旅游精准扶贫，建设区域性生态旅游度假目的地。

（十八）塔里木河沙漠文化旅游区：以喀什、阿克苏、和田等城市为支点，推进重点旅游区开发建设与提档升级。发展特种旅游、生态旅游和民族风情旅游，推动南疆自驾车旅游廊道规划建设，建设国际著名的丝绸之路文化旅游目的地。

（十九）滇黔桂民族文化旅游区：涉及广西、贵州、云南3省区。加强旅游基础设施投入，全面提升旅游可进入性。提升红色旅游目的地建设水平，加快民族生态旅游资源开发建设，推动自驾车旅游廊道建设，建设民族文化旅游示范区。

（二十）浙皖闽赣生态旅游协作区：涉及浙江、安徽、福建、江西4省。以黄山、上饶和杭州为中心，推进池州、安庆、宣城、三明、景德镇、衢州等城市旅游协同发展。推进旅游区产业集聚，加快推进华东世界遗产风景道建设。推进区域旅游公共服务一体化，建设国际一流的生态文化旅游目的地和国家生态旅游协作区。

三、打造国家精品旅游带

遵循景观延续性、文化完整性、市场品牌性和产业集聚性原则，依托线性的江、河、山等自然文化廊道和交通通道，串联重点旅游城市和特色旅游功能区。重点打造丝绸之路旅游带、长江国际黄金旅游带、黄河华夏文明旅游带、长城生态文化旅游带、京杭运河文化旅游带、长征红色记忆旅游带、海上丝绸之路旅游带、青藏铁路旅游带、藏羌彝文化旅游带、茶马古道生态文化旅游带等10条国家精品旅游带。（国家旅游局、国家发展改革委、交通运输部、文化部、国家海洋局、国家文物局等）

四、重点建设国家旅游风景道

以国家等级交通线网为基础，加强沿线生态资源环境保护和风情小镇、特色村寨、汽车营地、绿道系统等规划建设，完善游憩与交通服务设施，实施国家旅游风景道示范工程，形成品牌化旅游廊道。（国家旅游局、国家发展改革委、交通运输部等）

专栏8　国家旅游风景道布局

（一）川藏公路风景道（四川成都、雅安、康定、巴塘—西藏林芝、拉萨）

（二）大巴山风景道（陕西西安、安康—四川达州、广安—重庆）

（三）大别山风景道（湖北大悟、红安、麻城、罗田、英山—安徽岳西、霍山、六安）

（四）大兴安岭风景道（内蒙古阿尔山、呼伦贝尔—黑龙江加格达奇、漠河）

（五）大运河风景道（浙江宁波、绍兴、杭州、湖州、嘉兴—江苏苏州、无锡、常州、镇江、扬州、淮安、宿迁）

（六）滇川风景道（云南楚雄—四川攀枝花、凉山、雅安、乐山）

（七）滇桂粤边海风景道（云南富宁—广西靖西、崇左、钦州、北海—广东湛江）

（八）东北边境风景道（辽宁丹东—吉林集安、长白山、延吉、珲春—黑龙江绥芬河）

（九）东北林海雪原风景道（吉林省吉林市、敦化—黑龙江牡丹江、鸡西）

（十）东南沿海风景道（浙江杭州、宁波、台州、温州—福建福州、厦门—广东汕头、深圳、湛江—广西北海）

（十一）海南环岛风景道（海南海口—东方—三亚—琼海—海口）

（十二）贺兰山六盘山风景道（宁夏贺兰山、沙坡头、六盘山，内蒙古月亮湖）

（十三）华东世界遗产风景道（安徽九华山、黄山—浙江开化钱江源、江郎山—江西上饶—福建武夷山、屏南白水洋）

（十四）黄土高原风景道（内蒙古鄂尔多斯—陕西榆林、延安、铜川、西安）

（十五）罗霄山南岭风景道（湖南株洲—江西井冈山、赣州—广东韶关）

（十六）内蒙古东部风景道（内蒙古阿尔山—呼伦贝尔）

（十七）祁连山风景道（青海门源、祁连—甘肃民乐、张掖）

（十八）青海三江源风景道（青海西宁、海北、海南、果洛、玉树）

（十九）太行山风景道（河北石家庄、邢台、邯郸—河南安阳、新乡、焦作—山西晋城、长治）

（二十）天山世界遗产风景道（新疆霍城、巩留、新源、特克斯、和静）

（二十一）乌江风景道（重庆武隆、彭水、酉阳—贵州遵义、贵阳、铜仁）

（二十二）西江风景道（贵州兴义—广西百色、柳州、荔浦、梧州—广东封开、德庆、肇庆）

（二十三）香格里拉风景道（云南丽江、迪庆—四川稻城—西藏昌都）

（二十四）武陵山风景道（湖北神农架、恩施—湖南湘西—贵州铜仁、遵义、黔东南）

（二十五）长江三峡风景道（重庆长寿—湖北神农架、宜昌）

五、推进特色旅游目的地建设

依托特色旅游资源，打造一批特色旅游目的地，满足大众化、多样化、特色化旅游市场需求。（国家旅游局、环境保护部、住房城乡建设部、水利部、国家林业局、国家海洋局、国家文物局等）

专栏9　特色旅游目的地建设
（一）山岳旅游目的地： 安徽黄山、山东泰山、四川九寨沟、湖南张家界、吉林长白山、福建武夷山、陕西华山、广东韶关丹霞山、江西三清山等。 **（二）海岛旅游目的地：** 广西涠洲岛，山东长岛，浙江舟山群岛，福建湄洲岛、鼓浪屿岛、平潭岛，广东海陵岛，海南西沙群岛，辽宁大小长山岛等。 **（三）湖泊旅游目的地：** 浙江千岛湖、青海青海湖、云南泸沽湖、黑龙江五大连池、江苏太湖、湖南洞庭湖、江西鄱阳湖、山东微山湖、云南抚仙湖、西藏纳木错等。 **（四）湿地旅游目的地：** 云南普达措、山东东营黄河口湿地、黑龙江齐齐哈尔扎龙湿地、江苏盐城湿地、西藏拉鲁湿地、辽宁盘锦红海滩湿地、内蒙古额尔古纳湿地、吉林通榆向海湿地等。 **（五）草原旅游目的地：** 新疆那拉提、喀拉峻、巴音布鲁克，内蒙古呼伦贝尔、乌兰布统、鄂尔多斯苏泊罕，甘肃甘南玛曲，河北张北等。 **（六）沙漠旅游目的地：** 甘肃敦煌，宁夏沙坡头，内蒙古响沙湾、巴丹吉林、阿拉善腾格里、库布齐，新疆喀什达瓦昆、塔里木，陕西毛乌素等。 **（七）古村落旅游目的地：** 安徽皖南，福建永定、南靖，广东开平，江西婺源，山西平遥，四川阆中，江苏周庄、同里，浙江乌镇、南浔、西塘等。 **（八）民俗风情旅游目的地：** 贵州黔东南，湖南湘西，新疆喀什，重庆黔江，四川阿坝、甘孜、凉山，云南西双版纳，吉林延边等。

第二节　加强基础设施建设　提升公共服务水平

一、大力推进“厕所革命”

加强政策引导、标准规范、技术创新、典型示范，持续推进旅游“厕所革命”。重点抓好乡村旅游厕所整体改造，着力推进高寒、缺水地区厕所技术革新，鼓励大中型企业、社会组织援建中西部旅游厕所，倡导以商建厕、以商管厕、以商养厕。推进厕所无障碍化。积极倡导文明如厕。“十三五”期间，新建、改扩建10万座旅游厕所，主要旅游景区、旅游场所、旅游线路和乡村旅游点的厕所全部达到A级标准，实现数量充足、干净无味、实用免费、管理有效，中西部地区旅游厕所建设难题得到初步解决。（国家旅游局、环境保护部、住房城乡建设部、中国残联）

二、加强旅游交通建设

做好旅游交通发展顶层设计。制定促进旅游交通发展的意见，完善旅游交通布局。推动旅游交通大数据应用，建立旅游大数据和交通大数据的共享平台和机制。（交通运输部、国家旅游局）

改善旅游通达条件。推进重要交通干线连接景区的道路建设，加强城市与景区之间交通设施建设和交通组织，实现从机场、车站、客运码头到主要景区交通无缝衔接。支持大型旅游景区、旅游度假区和红色旅游区等建设连通高速公路、国省道干线的公路支线。力争到“十三五”期末，基本实现4A级以上景区均有一条高等级公路连接。（交通运输部、国家旅游局）

推进乡村旅游公路建设。提高乡村旅游重点村道路建设等级，重点解决道路养护等问题，推进乡村旅游公路和旅游标识标牌体系建设。加强旅游扶贫重点村通村旅游公路建设。（交通运输部、农业部、国家旅游局、国务院扶贫办）

优化旅游航空布局。加强中西部地区和东北地区支线机场建设，支持有条件的地方新建或改扩建一批支线机场。增加重点旅游城市至主要客源地直航航线航班，优化旅游旺季航班配置。加强重点旅游区的通用机场建设。（中国民航局、国家发

展改革委、国家旅游局）

提升铁路旅游客运能力。推动高铁旅游经济圈发展。加大跨区域旅游区、重点旅游经济带内铁路建设力度。根据旅游业发展实际需求，优化配置旅游城市、旅游目的地列车班次。增开特色旅游专列，提升旅游专列服务水准，全面提升铁路旅游客运能力。发展国际铁路旅游。（中国铁路总公司、国家发展改革委、国家旅游局、国家铁路局）

三、完善旅游公共服务体系

加强旅游集散体系建设，形成便捷、舒适、高效的集散中心体系。完善旅游咨询中心体系，旅游咨询中心覆盖城市主要旅游中心区、3A级以上景区、重点乡村旅游区以及机场、车站、码头、高速公路服务区、商业步行街区等。完善旅游观光巴士体系，全国省会城市和优秀旅游城市至少开通1条旅游观光巴士线路。完善旅游交通标识体系，完成3A级以上景区在高速公路等主要公路沿线标识设置，完成乡村旅游点等在公路沿线标识设置。完善旅游绿道体系，建设完成20条跨省（区、市）旅游绿道，总里程达5000公里以上，全国重点旅游城市至少建成一条自行车休闲绿道。推进残疾人、老年人旅游公共服务体系建设。（住房城乡建设部、国家发展改革委、交通运输部、国家旅游局、全国老龄委、中国残联）

第三节　提升旅游要素水平　促进产业结构升级

一、提升餐饮业发展品质

弘扬中华餐饮文化，开发中国文化型传统菜品，支持文化餐饮“申遗”工作。深入挖掘民间传统小吃，推出金牌小吃，打造特色餐饮品牌，促进民间烹饪技术交流与创新。推动形成有竞争力的餐饮品牌和企业集团，鼓励中餐企业“走出去”。（商务部、食品药品监管总局、国家旅游局）

二、构建新型住宿业

推进结构优化、品牌打造和服务提升，培育一批有竞争力的住宿品牌，推进住宿企业连锁化、网络化、集团化发展。适度控制高星级酒店规模，支持经济型酒店发展。鼓励发展自驾车旅居车营地、帐篷酒店、民宿等新型住宿业态。（商务部、工商总局、国家旅游局）

三、优化旅行社业

鼓励在线旅游企业进行全产业链运营，提高集团化、国际化发展水平。推动传统旅行社转型发展，鼓励有实力的旅行社跨省（区、市）设立分支机构，支持旅行社服务网络进社区、进农村。（国家旅游局、商务部）

四、积极发展旅游购物

实施中国旅游商品品牌提升工程。加强对老字号商品、民族旅游商品的宣传，加大对旅游商品商标、专利的保护力度。构建旅游商品生产标准和认证体系，规范旅游商品流通体系。在机场、高铁车站、邮轮码头、旅游服务中心、重点旅游景区等地，设置特色旅游商品购物区。（国家旅游局、交通运输部、商务部、工商总局、质检总局、国家知识产权局）

五、推动娱乐业健康发展

推广“景区＋游乐”、“景区＋剧场”、“景区＋演艺”等景区娱乐模式。支持高科技旅游娱乐企业发展。有序引进国际主题游乐品牌，推动本土主题游乐企业集团化、国际化发展。

提升主题公园的旅游功能，打造一批特色鲜明、品质高、信誉好的品牌主题公园。（国家旅游局、科技部、住房城乡建设部、文化部）

第五章　绿色发展　提升旅游生态文明价值

第一节　倡导绿色旅游消费

践行绿色旅游消费观念，大力倡导绿色消费方式，发布绿色旅游消费指南。鼓励酒店实施客房价格与水电、低值易耗品消费量挂钩，逐步减少一次性用品的使用。引导旅游者低碳出行，鼓励旅游者在保证安全的前提下拼车出行。提高节能环保交通工具使用比例，大力推广公共交通、骑行或徒步等绿色生态出行方式。（国家旅游局、中央文明办、环境保护部、住房城乡建设部、商务部）

第二节　实施绿色旅游开发

推动绿色旅游产品体系建设，打造生态体验精品线路，拓展绿色宜人的生态空间。开展绿色旅游景区建设，“十三五”期间，创建500家生态文明旅游景区。4A级以上旅游景区全部建成生态停车场，所有新修步道和80%以上的旅游厕所实现生态化。（国家旅游局、环境保护部）

实施全国生态旅游发展规划，加大生态资源富集区基础设施和生态旅游设施建设力度，推动生态旅游协作区、生态旅游目的地、生态旅游精品线路建设，提升生态旅游示范区发展水平。以水利风景区为重点，推出一批生态环境优美、文化品位

较高的水利生态景区和旅游产品。（国家发展改革委、环境保护部、水利部、国家旅游局等）

拓展森林旅游发展空间，以森林公园、湿地公园、沙漠公园、国有林场等为重点，完善森林旅游产品和设施，推出一批具备森林游憩、疗养、教育等功能的森林体验基地和森林养生基地。鼓励发展“森林人家”、“森林小镇”，助推精准扶贫。加强森林旅游公益宣传，鼓励举办具有特色的森林旅游宣传推介活动。（国家林业局、国家旅游局等）

加大对能源节约、资源循环利用、生态修复等重大生态旅游技术的研发和支持力度。推进生态旅游技术成果的转化与应用，推进旅游产业生态化、低碳化发展。推广运用厕所处理先进技术，开展以无害化处理为核心的全球人居示范工程。（国家发展改革委、科技部、环境保护部、住房城乡建设部、国家旅游局）

第三节　加强旅游环境保护

严格遵守相关法律法规，坚持保护优先、开发服从保护的方针，对不同类型的旅游资源开发活动进行分类指导。发挥规划引领作用，强化环境影响评价约束作用，规范旅游开发行为。（国家旅游局、环境保护部）

推进旅游业节能减排。加强旅游企业用能计量管理，组织实施旅游业合同能源管理示范项目。实施旅游能效提升计划，降低资源消耗强度。开展旅游循环经济示范区建设。推广节能节水产品和技术，对酒店饭店、景点景区、乡村客栈等建筑进行节能和供热计量改造，建设节水型景区、酒店和

旅游村镇。（国家旅游局、国家发展改革委、环境保护部、水利部、质检总局）

第四节　创新绿色发展机制

实施绿色认证制度。建立健全以绿色景区、绿色饭店、绿色建筑、绿色交通为核心的绿色旅游标准体系，推行绿色旅游产品、绿色旅游企业认证制度，统一绿色旅游认证标识，开展绿色发展教育培训，引导企业执行绿色标准。（国家旅游局、环境保护部、质检总局）

建立旅游环境监测预警机制。对资源消耗和环境容量达到最大承载力的旅游景区，实行预警提醒和限制性措施。完善旅游预约制度，建立景区游客流量控制与环境容量联动机制。（环境保护部、国家旅游局等）

健全绿色发展监管制度。在生态保护区和生态脆弱区，对旅游项目实施类型限制、空间规制和强度管制，对生态旅游区实施生态环境审计和问责制度，完善旅游开发利用规划与建设项目环境影响评价信息公开机制。（环境保护部、住房城乡建设部、国家旅游局）

第五节　加强宣传教育

开展绿色旅游公益宣传，推出绿色旅游形象大使。加强绿色旅游教育和培训工作，制定绿色消费奖励措施，引导全行业、全社会树立绿色旅游价值观，形成绿色消费自觉。（国家旅游局、环境保护部、新闻出版广电总局等）

第六章　开放合作　构建旅游开放新格局

第一节　实施旅游外交战略

一、开展“一带一路”国际旅游合作

推动建立“一带一路”沿线国家和地区旅游部长会议机制。建立丝绸之路经济带城市旅游合作机制。推动“一带一路”沿线国家签证便利化，推动航权开放、证照互认、车辆救援、旅游保险等合作。加强与沿线国家旅游投资互惠合作，推动海上丝绸之路邮轮旅游合作，联合打造国际旅游精品线路，提升“一带一路”旅游品牌的知名度和影响力。（国家旅游局、中央宣传部、外交部、国家发展改革委、公安部、交通运输部、中国民航局等）

二、拓展与重点国家旅游交流

推动大国旅游合作向纵深发展，深化与周边国家旅游市场、产品、信息、服务融合发展，加强与中东欧国家旅游合作，扩大与传统友好国家和发展中国家的旅游交流，推动与相关国家城市缔结国际旅游伙伴城市。（国家旅游局、外交部、公安部）

三、创新完善旅游合作机制

完善双多边旅游对话机制，推动建立更多合作平台，倡导成立国际旅游城市推广联盟，引领国际旅游合作。支持旅游行业组织、旅游企业参与国际旅游交流，形成工作合力。推进我国与周边国家的跨境旅游合作区、边境旅游试验区建设，开发具有边境特色和民族特色的旅游景区和线路。（国家旅游局、外交部、国家民委、公安部、交通运输部等）

第二节　大力提振入境旅游

实施中国旅游国际竞争力提升计划。统筹优化入境旅游政策，推进入境旅游签证、通关便利化，研究制定外国人来华邮轮旅游、自驾游便利化政策。依法扩大符合条件的口岸开展外国人签证业务范围，提升购物退税网络服务水平，开发过境配套旅游产品。完善入境旅游公共服务和商业接待体系，提升入境旅游服务品质。发挥自由贸易试验区在促进入境旅游发展方面的先行先试作用。（国家旅游局、外交部、国家发展改革委、公安部、财政部、商务部、海关总署、税务总局等）

完善旅游推广体系，塑造“美丽中国”形象。加强旅游、外宣合作，健全中央与地方、政府与企业以及部门间联动的旅游宣传推广体系，发挥专业机构市场推广优势。实施入境旅游品牌战略，推出一批入境旅游品牌和线路。调整优化中国旅游驻外办事处职能，适时在巴西、南非等地设立旅游办事机构。实施中国旅游网络营销工程、海外公众旅游宣传推广工程，促进入境旅游持续稳定增长。（国家旅游局、中央宣传部、中央编办、外交部、文化部）

第三节　深化与港澳台旅游合作

一、支持港澳地区旅游发展

创新粤港澳区域旅游合作协调机制，推进便利化建设和一体化发展。支持粤港澳大湾区旅游合作，发挥粤港澳对接广西、福建等内地沿海省份的重要节点作用，开发一程多站旅游线路。支持香港建设多元旅游平台。推动澳门世界旅游休闲中心建设，支持澳门会展业发展，支持澳门举办世界旅游经济论坛。推动粤澳、闽澳联合开发海上丝绸之路旅游产品，打造旅游精品线路。（国家旅游局、交通运输部、商务部、国务院港澳办等）

二、深化对台旅游交流

巩固旅游在两岸人员交往中的主渠道作用，发挥旅游在增进两岸同胞情感、促进两岸关系和平发展方面的积极作用。推动大陆居民赴台旅游健康有序发展，提升大陆居民赴台旅游品质、安全保障水平等。推进两岸乡村旅游、邮轮旅游、旅游文创等领域合作。支持平潭国际旅游岛、福州新区、江苏昆山等建设成为两岸旅游产业合作示范区。推进海峡西岸经济区与台湾、厦门与金门、福州与马祖区域旅游合作。支持环海峡旅游圈建设。（国务院台办、公安部、商务部、国家旅游局）

三、扩大旅游对港澳台开放

依托中国（广东）自由贸易试验区、中国（福建）自由贸易试验区，开展对港澳台旅游先行先试。探索自由贸易试验区有关涉旅政策措施相互延伸。推进邮轮游艇旅游合作发展，支持香港邮轮母港建设和粤澳游艇自由行。加强与港澳台青少年的游学交流，定期组织港澳台青少年赴内地（大陆）开展游学活动。（国家旅游局、公安部、交通运输部、商务部、国务院港澳办、国务院台办等）

四、规范赴港澳台旅游市场秩序

加强与港澳台旅游部门合作，完善旅游安全保障和预警机制，提升突发事件应急处理能力，共同打击以不合理低价组织的团队游和其他违法违规的不正当竞争行为。建立健全大陆居民赴台游保险机制，扩大大陆居民赴台旅游保险覆盖面。（国

家旅游局、公安部、国务院港澳办、国务院台办、保监会）

第四节 有序发展出境旅游

推动出境旅游目的地国家和地区简化签证手续、缩短签证申办时间，扩大短期免签证、口岸签证范围。将中文电视广播等媒体落地、改善中文接待环境、中文报警服务、中国公民安全保障措施和游客合法权益保障等纳入中国公民出境旅游目的地管理体系。完善出境旅游服务保障体系，加强境外旅游保险、旅游救援合作。推动建立与有关国家和地区旅游安全预警机制和突发事件应急处理合作机制。加强与友好国家客源互送合作。（国家旅游局、外交部、公安部、新闻出版广电总局、保监会）

第五节 提升旅游业国际影响力

一、实施旅游业“走出去”战略

将旅游业“走出去”发展纳入国家“走出去”战略，制定旅游业“走出去”战略规划。完善支持旅游企业“走出去”政策服务平台，支持有条件的旅游企业统筹利用国际国内两个市场，建立面向中国公民的海外旅游接待体系。推进自由贸易协定旅游服务贸易谈判，推动旅游业双向开放。（国家旅游局、外交部、国家发展改革委、商务部等）

二、实施国家旅游援外计划

制定实施国家旅游援外计划，对“一带一路”沿线国家、部分发展中国家和地区提供旅游投资、品牌、技术、管理、标准等援助。（商务部、外交部、国家发展改革委、财政部、国家旅游局等）

三、积极参与国际旅游规则制定

在联合国世界旅游组织、世界旅游业理事会和亚太旅游协会等国际旅游机构中发挥更为重要的作用。培养一批符合国际组织需求的旅游专门人才，创造条件输送到国际旅游机构，扩大我国在国际旅游机构中的影响力。（国家旅游局、外交部、教育部）

第七章　共建共享　提高人民群众满意度

第一节　实施乡村旅游扶贫工程

通过发展乡村旅游带动 2.26 万个建档立卡贫困村实现脱贫。

实施乡村旅游扶贫重点村环境整治行动。提升旅游扶贫基础设施，全面提升通村公路、网络通信基站、供水供电、垃圾污水处理设施水平。规划启动“六小工程”，确保每个乡村旅游扶贫重点村建好一个停车场、一个旅游厕所、一个垃圾集中收集站、一个医疗急救站、一个农副土特产品商店和一批旅游标识标牌。到 2020 年，完成 50 万户贫困户“改厨、改厕、改客房、整理院落”的“三改一整”工程。（国家旅游局、国家发展改革委、工业和信息化部、住房城乡建设部、交通运输部、国家卫生计生委、国务院扶贫办等）

开展旅游规划扶贫公益行动。动员全国旅游规划设计单位为贫困村义务编制能实施、能脱贫的旅游规划。（国家旅游局、国务院扶贫办）

实施旅游扶贫电商行动。支持有条件的乡村旅游扶贫重点村组织实施“一村一店”。鼓励在景区景点、宾馆饭店、游客集散中心、高速公路服务区等场所开辟农副土特产品销售专区。（国家旅游局、工业和信息化部、交通运输部、国务院扶贫办）

开展万企万村帮扶行动。组织动员全国1万家大型旅游企业、宾馆饭店、景区景点、旅游规划设计单位、旅游院校等单位，通过安置就业、项目开发、输送客源、定点采购、指导培训等方式帮助乡村旅游扶贫重点村发展旅游。（国家旅游局、教育部、国务院扶贫办等）

实施金融支持旅游扶贫行动。落实国家对贫困户扶贫小额信贷、创业担保贷款等支持政策。完善景区带村、能人带户、“企业（合作社）+农户”等扶贫信贷政策，鼓励金融机构加大对旅游扶贫项目的信贷投入。（人民银行、国家旅游局、国务院扶贫办、银监会等）

实施旅游扶贫带头人培训行动。设立乡村旅游扶贫培训基地，建立乡村旅游扶贫专家库，组织全国乡村旅游扶贫重点村村官和扶贫带头人开展乡村旅游培训。（国家旅游局、国务院扶贫办）

启动旅游扶贫观测点计划。设立全国乡村旅游扶贫观测中心，对乡村旅游扶贫精准度和实效性进行跟踪观测，为有效推进乡村旅游扶贫工作提供决策依据。（国家旅游局、国务院扶贫办）

第二节　实施旅游创业就业计划

建设面向旅游创新创业的服务平台。支持各类旅游产业发展孵化器建设。开展国家旅游文创示范园区、国家旅游科技示范园区、国家旅游创业示范园区和示范企业、示范基地建设。举办中国旅游创新创业大赛。推动旅游共享经济商业模式创新，开展互联网约车、民宿旅游接待、分时度假等共享经济试点项目。建设国家旅游就业需求服务平台，提供人才资源、就业信息等。完善居民参与旅游发展利益共享机制，鼓励旅游企业为当地居民提供工作岗位和就业机会。（国家旅游局、国家发展改革委、科技部、工业和信息化部、人力资源社会保障部、工商总局）

第三节　规范旅游市场秩序

一、创新旅游监管机制

发挥各级政府的主导作用和旅游部门的主管作用，明确各相关部门责任，着力解决执法难、执法软问题。发布全国旅游秩序指数，建立重点地区旅游市场监管机制，完善旅游纠纷调解机制，健全互联网旅游企业监管体系。完善“12301”旅游投诉受理机制。严厉打击扰乱旅游市场秩序的违法违规行为，切实维护旅游者合法权益。（国家旅游局、工业和信息化部、公安部、工商总局等）

二、建立健全旅游诚信体系

建立健全旅游从业者、经营者和消费者的信用体系。将旅游失信行为纳入社会信用体系记录范围，及时发布旅游失信行为信息记录。推进旅游失信行为记录和不文明行为记录与全国信用信息共享平台共享，开展联合惩戒。发挥旅游行业协会的自律作用，引导旅游经营者诚信经营。（国家旅游局、中央文明办、国家发展改革委、公安部、商务部、工商总局等）

三、开展专项治理行动

依法打击不合理低价游、强迫或变相强迫旅游消费、虚假广告行为，集中处理典型案件，查处违法违规企业和从业人员。联合有关国家和地区，推进旅游市场秩序常态化治理。发挥旅游志愿者、社会监督员及新闻媒体对各类旅游企业和从业人员的社会监督作用。（国家旅游局、中央宣传部、外交部、公安部、工商总局）

四、引导旅游者理性消费

规范旅游合同管理，加强旅游信息引导，提高旅游者自我防范意识，自觉抵制不合理低价游。增强旅游者合同意识和契约精神，引导理性消费、依法维权。（国家旅游局、中央宣传部、公安部、新闻出版广电总局等）

第四节　大力推进文明旅游

加强宣传教育，建立文明旅游法规体系，落实旅游文明行为公约和行动指南。开展“为中国加分”文明旅游主题活动，征集“中国旅游好故事”。选树旅游行业文明单位、青年文明号，评选文明旅游公益大使，培养一批能够讲好中国故事的导游人员。完善旅游不文明行为记录制度，建立信息通报机制，加大惩戒力度。（中央宣传部、中央文明办、国家旅游局等）

加强旅游志愿者队伍建设。推进旅游志愿服务制度体系建设，完善旅游志愿者管理激励制度。开展志愿服务公益行动，建立一批旅游志愿服务工作站。培育先进模范志愿者、志愿者组织，树立中国旅游志愿者良好形象。依法登记管理旅游志愿者组织。（国家旅游局、中央文明办、民政部等）

第五节　构筑旅游安全保障网

一、加强旅游安全制度建设

完善旅游安全管理制度，强化有关部门安全监管责任。建立健全旅游安全预警机制，加强境外旅行安全提示、热点景区景点最大承载量警示、旅游目的地安全风险提示。落实旅行社、旅游饭店、旅游景区安全规范。做好高风险旅游项目安全管理。（国家旅游局、外交部、公安部）

二、强化重点领域和环节监管

强化对客运索道、大型游乐设施等特种设备的安全监察及景区地质灾害安全管理。落实旅游客运车辆“导游专座”制度。推动旅游客运车辆安装卫星定位装置并实行联网联控，建设旅游包车安全运营及动态监管平台。实施旅游用车联合检查制度。加强旅游节庆活动安全管理。加强景区景点最大承载量管控。加强旅游场所消防基础设施建设，落实消防安全主体责任。（国家旅游局、公安部、国土资源部、交通运输部、质检总局等）

三、加快旅游紧急救援体系建设

健全旅游突发事件应对机制。完善旅游突发事件信息报送和应急值守制度，完善应急预案体系。建设国家旅游应急管理指挥平台。推动建立政府救助与商业救援相结合的旅游紧急救援体系，推进国家旅游紧急救援基地建设，鼓励有条件的旅游企业建立紧急救援队伍。（国家旅游局、公安部、国土资源部、安全监管总局等）

四、深化旅游保险合作机制

完善旅游保险产品，提高保险保障额度，扩大保险覆盖范围，提升保险理赔服务水平。完善旅行社责任保险机制，推动旅游景区、宾馆饭店、旅游大巴及高风险旅游项目旅游责任保险发展。加强与重点出境旅游目的地开展旅游保险合作，建立健全出境旅游保险保障体系。（国家旅游局、保监会等）

第六节　实施旅游服务质量提升计划

推进旅游标准化建设，完善标准体系，建立政府主导与市场自主相互衔接、协同发展的旅游标准制修订机制。加大对旅游标准化的宣传推广力度，开展旅游标准化试点示范，加强旅游标准实施绩效评估。（国家旅游局、质检总局）

深入实施《旅游质量发展纲要（2013—2020年）》，加快建立以游客评价为主的旅游目的地评价机制。开展“品质旅游”宣传推广活动，鼓励旅游企业公布服务质量承诺和执行标准，实施旅游服务质量标杆引领计划。建立优质旅游服务商目录，推出优质旅游服务品牌。（国家旅游局、工商总局、质检总局）

第八章　深化改革　完善旅游发展保障体系

第一节　推进旅游综合管理体制改革

鼓励各地成立由地方政府牵头的旅游业发展领导协调机构。推动旅游综合管理体制改革，增强旅游部门综合协调和行业统筹能力。加强旅游执法队伍和市场监管、司法仲裁等机构建设。（国家旅游局等）

推进旅游业改革创新先行区发展。到2020年，打造50个先行区，进一步完善旅游业统筹协调机制，实现土地、财政、资源、假日、金融、人才、技术等政策支撑措施基本成熟，旅游产业发展引导和行业管理方式进一步优化。（国家旅游局、科技部、财政部、人力资源社会保障部、国土资源部、人民银行、税务总局、国家林业局等）

改革旅游业统计制度，建立健全旅游核算体系，提高旅游业统计服务决策、引导产业发展的能力。建立健全统一规范的全国旅游业数据采集平台，建立旅游业统计数据共建共享机制。鼓励采用服务外包等形式，选择专业统计机构开展旅游业统计抽样调查。推动建立省级旅游数据中心，改进旅游业统计信息发布方式。加强旅游业统计国际合作，积极参与旅游业统计国际标准和规范制定。（国家旅游局、国家统计局）

第二节　优化景区服务管理机制

建立景区旅游开放备案制度、景区旅游建设与经营项目会商制度、景区建设经营负面清单制度等。推动景区旅游实现特许经营管理，推进经营决策、劳动用工、薪酬制度等去行政化改革。完善景区建设经营活动事中事后监管制度，建立健全景区安全风险评估制度、景区预约预报预订机制。（国家旅游局、国家发展改革委、住房城乡建设部等）

第三节　推进导游旅行社体制改革

以市场主导、执业灵活、服务规范、社会监督为目标，推进导游体制改革，建立适应市场需求的导游准入制度。改革导游注册制度，明确导游资格证终身有效。依法开展导游自由执业改革试点，完善旅行社委派执业制度，打破导游异地执业的区域壁垒。建立导游社会化评价与监督体系。改革导游保险保障体系，建立导游品牌制度，完善导游等级评定制度。（国家旅游局、国务院法制办等）

完善旅行社监管服务平台，实现行政审批公开、透明、可追溯。健全旅行社退出机制，实现动态调整。优化完善旅行社分社网点设立、旅行社质量保证金、旅行社委托招徕、出境旅游保险等方面政策。（国家旅游局、国务院法制办等）

第四节 强化政策扶持

一、落实职工带薪休假制度

将落实职工带薪休假制度纳入各地政府议事日程，制定带薪休假制度实施细则或实施计划，加强监督检查。鼓励机关、社会团体、企事业单位引导职工灵活安排休假时间。各单位可根据自身实际情况，并考虑职工本人意愿，将带薪休假与本地传统节日、地方特色活动相结合，安排错峰休假。（人力资源社会保障部、国家旅游局等）

二、加大投入力度

编制旅游基础设施和公共服务设施建设规划。中央预算内投资加大对革命老区、民族地区、边疆地区和贫困地区等旅游公共服务设施建设的支持力度。落实地方政府对旅游基础设施投入的主体责任。将符合条件的旅游项目纳入新农村建设、扶贫开发等专项资金支持范围。（国家旅游局、国家发展改革委、财政部、交通运输部、农业部、国务院扶贫办等）

三、完善土地供给政策

在土地利用总体规划和城乡规划中统筹考虑旅游产业发展

需求，合理安排旅游用地布局。在年度土地供应中合理安排旅游业发展用地。优先保障纳入国家规划和建设计划的重点旅游项目用地和旅游扶贫用地。对使用荒山、荒坡、荒滩及石漠化、边远海岛土地建设的旅游项目，优先安排新增建设用地计划指标。农村集体经济组织可以依法使用建设用地自办或以土地使用权入股、联营等方式开办旅游企业。城乡居民可以利用自有住宅依法从事旅游经营，农村集体经济组织以外的单位和个人可依法通过承包经营流转的方式，使用农民集体所有的农用地、未利用地，从事与旅游相关的种植业、养殖业。（国土资源部、住房城乡建设部、农业部、国家旅游局、国家海洋局）

四、创新金融支持政策

积极推进权属明确、能够产生可预期现金流的旅游相关资产证券化。支持旅游资源丰富、管理体制清晰、符合国家旅游发展战略和发行上市条件的大型旅游企业上市融资。加大债券市场对旅游企业的支持力度。支持和改进旅游消费信贷，探索开发满足旅游消费需要的金融产品。（人民银行、国家旅游局、银监会、证监会）

五、完善旅游财税政策

乡村旅游经营户可以按规定享受小微企业增值税优惠政策。乡村旅游企业在用水、用电、用气价格方面享受一般工业企业同等政策。结合出境旅游消费增长，统筹研究旅游发展基金征收方式。推广实施境外旅客购物离境退税政策。在切实落实进出境游客行李物品监管的前提下，研究进一步增设口岸进境免税店，引导消费回流。（国家旅游局、国家发展改革委、财政部、商务部、海关总署、税务总局）

第五节　加强法治建设

适应旅游业发展要求，修订完善《中国公民出国旅游管理办法》、《旅行社条例》、《导游人员管理条例》等法规和旅游安全监管、发展规划、宣传推广、公共服务等方面规章制度。落实旅游行政处罚、旅游违法行为法律适用指引，推动研究旅行社、导游收取“佣金”、“小费”法律适用问题。积极参与旅游国际规则的研究制定。推动重点地区开展旅游立法试点，健全地方旅游法规体系。加强旅游执法队伍建设。加大旅游执法检查力度，推进依法行政、严格执法。（国家旅游局、国务院法制办等）

第六节　加强人才队伍建设

一、实施重点人才开发计划

依托国家重点人才工程、项目、重点学科等，培育一批具有国际影响力的旅游科研机构、高等院校和新型智库。将旅游人才队伍建设纳入地方重点人才支持计划。（国家旅游局、教育部、人力资源社会保障部）

专栏 10　重点人才开发计划
（一）行政领导干部轮训。开展省级、地市级和重点区域旅游部门领导干部轮训。
（二）经营管理人才开发。实施旅游产业领军人才培训和旅游职业经理人培训项目。
（三）专业技术人才开发。开展旅游业专家库建设项目、旅游业青年专家提升计划、旅游基础研究人才支持计划、专业技术人才知识更新工程。

（四）实施万名旅游英才计划。开展研究型英才、创新创业型英才、实践服务型英才、“双师型”教师英才、旅游企业拔尖骨干管理英才、技术技能大师工作室等6个培养项目，培养1万名旅游英才。

（五）导游素质提升。开展导游资格考试和等级考核评定项目、导游“云课堂”远程在线研修培训项目、名导进课堂“送教上门”项目。

（六）旅游人才援助。开展旅游援外教育项目，导游援藏项目，贫困地区、少数民族地区、基层边远地区培训项目。

（七）人才工作平台建设。开展旅游人才工作信息化平台建设项目、人才培训基地建设项目。

二、发展现代旅游职业教育

加强对旅游职业教育改革发展的统筹指导和综合保障，加快建立适应旅游产业发展需求、产教深度融合、中高职有机衔接、布局结构更加合理的现代旅游职业教育体系。遴选和建设一批职业院校旅游类专业示范点，适时将旅游管理类新专业纳入全国技工院校专业目录。加强专业教师培养培训，举办旅游职业教育骨干“双师型”教师、旅游管理硕士专业学位（MTA）骨干师资高级研修班。深化校企合作，建设一批旅游职业教育实习实训基地，开展创新型示范性校企合作项目。办好全国职业院校技能大赛等相关赛项。推动省部共建旅游院校、共同培养人才。（教育部、人力资源社会保障部、国家旅游局）

三、加强旅游相关学科专业建设

鼓励高校根据旅游业发展需求，设置酒店管理、会展经济与管理、旅游管理与服务本科专业。推动适应旅游业发展新形势的教材建设和数字化课程资源建设共享。（教育部、国家旅游局）

四、加强人才培养国际合作

开展“一带一路”等国际旅游人才开发合作，推动高校开展国际交流。大力引进海外高端旅游教育人才和创新创业人才，支持旅游专业骨干教师和优秀学生到海外留学进修。（教育部、人力资源社会保障部、国家旅游局）

五、加强旅游基础研究

整合各方面智力资源，加强我国旅游业发展战略、布局、管理、制度等研究，形成一批基础性、战略性研究成果。支持中国旅游研究院、中国旅游智库等专业智库建设。推动成立中国旅游学会，逐步构建旅游智库群，形成产学研互动的旅游学术共同体。推进中国特色旅游发展理论体系建设，培养和造就一批具有国际视野、学术功底深厚、作风扎实的国家级旅游基础研究专家队伍。（国家旅游局、教育部、科技部等）

各地区要结合本地实际制定具体实施方案或者专项规划，明确工作分工，落实工作责任。各部门要按照职责分工，加强协调配合，明确具体举措和工作进度，抓紧推进。国家旅游局要加强对本规划实施情况的评估和监督检查，及时研究解决本规划实施过程中出现的新情况、新问题，重大情况及时报告国务院。

关于《“十三五”旅游业发展规划》的说明

（2016年12月7日）

李金早

党中央、国务院高度重视旅游业的发展。习近平总书记在党的十八届五中全会上审议《中共中央关于制定国民经济和社会发展第十三个五年规划的建议》时提出“要大力发展旅游业”。李克强总理强调指出：旅游业不仅是培育发展新动能的生力军和大众创业万众创新的大舞台，也是实现扶贫脱贫的重要支柱和建设美丽中国的助推器，要实施旅游消费促进计划和旅游投资促进计划，以旅游业的升级换代促进国民经济的提质增效。在今年《政府工作报告》中，李克强总理对促进旅游业发展做出重要部署，提出“要迎接正在兴起的大众旅游时代”。按照党中央、国务院决策部署和《中华人民共和国旅游法》“关于国务院和县级以上地方人民政府应当将旅游业发展纳入国民经济和社会发展规划”及“国务院和省、自治区、直辖市人民政府以及旅游资源丰富的设区的市和县级人民政府，应当按照国民经济和社会发展规划，组织编制旅游发展规划”的要求，国家旅游局会同发展改革委、财政部、国土资源部、交通运输部、扶贫办等部门共同编制了《“十三五”旅游业发展规划》（以下简称《规划》）。国务院将《规划》列为“十三五”国家重点专项规划，并以国务院名义正式印发。这对于统一思想、提高认识、形成合力，广泛动员组织各部门、各地方和全社会力量推动旅游业发展，具有重大意义；对新常态下更好地发挥旅游业稳增长、调结构、惠民生作用将产生重大影响。

改革开放以来，我国实现了从旅游资源大国到旅游大国的历史性跨越。与此同时，旅游业全面融入国家战略体系，正走向国民经济建设的前沿。一是旅游业作为战略性支柱产业的地位基本形成。2015 年旅游业对国民经济的综合贡献达到 10.8%，国内旅游、入境旅游、出境旅游全面繁荣发展，已成为世界第一大出境旅游国和全球第四大旅游目的地，旅游成为全社会投资热点和消费热点。二是旅游业综合带动能力全面彰显。2015 年旅游业对社会就业综合贡献为 10.2%。旅游成为传播中华传统文化、弘扬社会主义核心价值观的重要渠道，成为生态文明建设的重要力量，并带动大量人口脱贫致富，绿水青山正通过发展旅游变成“金山银山”。三是旅游业现代治理体系初步建立。《中华人民共和国旅游法》颁布实施，成立了国务院旅游工作部际联席会议，出台了《国民旅游休闲纲要（2013—2020）》、《国务院关于促进旅游业改革发展的若干意见》等文件，各地出台了旅游条例等法规制度，已有 20 个省（自治区、直辖市）成立旅游发展委员会。四是旅游业国际地位和影响力大幅提升。我国出境旅游人次和旅游消费均列世界第一，与各国各地区及国际旅游组织的合作不断加强。

旅游外交成为国家领域外交的重要内容，成功举办了中俄、中美、中印、中韩旅游年，与 UNWTO 在北京成功举办了首届世界旅游发展大会。

“十三五”时期是“迎接正在兴起的大众旅游时代”的关键期。做好“十三五”旅游工作，对于把握我国旅游业发展黄金期，促进我国旅游业持续健康发展，对于推进旅游业转型升级、提质增效，实现从旅游大国向旅游强国迈进具有重要战略意义。国家旅游局高度重视“十三五”旅游发展规划编制工作，成立了规划编制工作领导小组，进行了深入调研，动员了各方面的专家参加规划编制。规划先后两次征求 54 个部门意见，并经多方论证评估。总的看，规划认真贯彻了党的十八大以来中央对经济社会发展的总体布局，突出了国家对旅游业发展的战略要求，体现了大众旅游时代旅游业发展的趋势和规律，凝聚了党中央、国务院的高度重视，凝聚了各部门、各地方的大力支持，凝聚了旅游行业和众多专家学者的智慧和力量。

一、《规划》基本思路

（一）坚持服务大局。全面贯彻党中央、国务院对旅游业发展的系列指示精神，突出《规划》的战略性、全局性和前瞻性，充分体现“十三五”时期国家对旅游业发展的战略意图。

（二）坚持贯彻五大发展理念。强调以创新驱动增强旅游业发展新动能，以协调推进提升旅游业发展质量，以绿色发展提升旅游生态文明价值，以开放合作构建旅游对外开放新格局，以共建共享推动旅游普惠民生。

（三）坚持创新务实。从迎接大众旅游新时代的实际需要出发，全面推进旅游业发展理念创新、模式创新、产品创新、业态创新、主体创新，通过创新切实化解突出矛盾、解决主要问题，全面推进我国旅游业从“景点旅游”向“全域旅游”时代演进。

（四）坚持深化改革。按照全面深化改革的精神，突出“加快改革步伐、向深化改革要动力”的思想。《规划》坚持“放、管、服”相结合，以旅游业综合体制改革为龙头，推进景区旅游服务管理机制和导游旅行社体制等方面的改革，通过改革释放旅游业的动力和活力。

（五）坚持问题导向。找准旅游业发展中的主要短板和薄弱环节，着力推动解决发展过程中面临的旅游业体制机制与综合产业和综合执法的要求不相适应、旅游基础设施和公共服务不适应旅游发展升级的需要、游客文明素质和从业人员素质有待提升、市场秩序有待规范等问题。

二、《规划》的主要内容

《规划》共 8 章，分为 4 个部分：

（一）关于规划背景。全面总结了“十二五”旅游发展成就，分析了“十三五”发展机遇，指出了当前和今后一个时期旅游业发展的新趋势、新特点。强调全面建成小康社会有利于大众旅游消费持续增长，贯彻五大发展理念有利于旅游业成为优势产业，推进供给侧改革有利于促进旅游业转型升级，旅游业被确立为幸福产业有利于优化旅游发展环境，良好外部环境也有利于我国旅游业发展。要把握黄金发展机遇，迎接大众旅游新时代。

（二）关于规划的指导思想、基本原则和主要目标。《规划》提出，要牢固树立和贯彻落实创新、协调、绿色、开放、共享发展理念，以转型升级、提质增效为主题，以推动全域旅游发展为主线，加快推进供给侧结构性改革，努力建成全面小康型旅游大国，把旅游业培育成经济转型升级重要推动力、生态文明建设重要引领产业、展示国家综合实力的重要载体、打赢扶贫攻坚战的重要生力军，为实现中华民族伟大复兴的中国梦做出重要贡献。“十三五”期间我国旅游业发展要坚持“市场主导、改革开放、创新驱动、绿色发展、以人为本”五大原则，实现四大目标。一是旅游经济稳步增长。城乡居民出游人数年均增长 10% 左右，旅游总收入年均增长 11% 以上，旅游直接投资年均增长 14% 以上。到 2020 年，旅游市场总规模达到 67 亿人次，旅游投资总额 2 万亿元，旅游业总收入达到 7 万亿元。二是综合效益显著提升。旅游业对国民经济的综合贡献度达到 12% 以上。三是人民群众更加满意。“厕所革命”取得显著成效，旅游交通更为便捷，旅游公共服务更加健全，带薪休假制度加快落实，市场秩序显著好转，文明旅游蔚然成风，旅游环境更加优美。四是国际影响力大幅提升。入境旅游持续增长，出境旅游健康发展，与旅游发达国家的差距明显缩小。

（三）关于主要任务。《规划》要求，要全面落实旅游业“创新驱动、协调推进、绿色发展、开放合作、共享共建”五个方面任务。突出理念创新、产品创新、业态创新、技术创新和市场主体创新，推动精品景区建设、加快休闲度假产品开发、大力发展乡村旅游、提升红色旅游发展水平、加快发展自驾车旅居车旅游、大力发展海洋及滨水旅游、积极发展冰雪旅游、加快培育低空旅游。优化旅游业空间布局，做强 5 大跨区域旅游城市群、培育 20 个跨区域特色旅游功能区、打造 10 条国家精品旅游带、培育25条国家旅游风景道、推进8大类特色旅游目的地建设。加强交通基础设施建设，完善信息咨询、厕所革命等旅游公共服务体系，推动旅游各产业要素更新换代。从消费端倡导绿色旅游消费，从供给端强调绿色开发与节能减排。构建旅游开放新格局，实施积极的旅游外交战略，大力提振入境旅游，深化内地与港澳、大陆与台湾旅游合作，有序发展出境旅游，提高旅游业开放发展的深度和广度，提升旅游业发展内外联动性。大力实施乡村旅游扶贫工程，推进旅游业创业就业，规范旅游市场秩序，大力推进文明旅游，构筑旅游安全保障网，实施旅游服务质量提升计划，创造文明、安全、便捷、舒适、高效的旅游环境。

（四）关于保障措施。《规划》就适应综合产业、综合执法要求推进旅游业综合体制改革，优化景区旅游服务管理机制、推进导游旅行社体制改革以及强化政策扶持、加强旅游法制和人才队伍建设等方面明确了具体的保障措施。

三、关于规划实施

“十三五”旅游业发展规划，是国家指导“十三五”期间旅游业发展的纲领性文件，是各级政府和国务院各部门推动旅游业发展的基本遵循。国务院对《规划》内容提出了明确的任务分工，要求各部门按照职能和分工，加强协调配合，明确具体举措和工作进度，抓紧推进相关的政策措施落地；要求各地区依据《规划》提出的总体思路、基本目标、主要任务和保障措施，结合本地实际制定具体实施方案或者专项规划，明确工作分工，落实工作责任。根据国务院要求，《规划》印发实施后，国家旅游局将加强对规划实施情况的评估和监督检查，及时研究解决规划实施中出现的新情况、新问题，充分调动部门、企业和社会各方面力量广泛参与《规划》的落实，推动形成促进旅游业发展整体合力。

我们相信，在党中央、国务院的正确领导下，《“十三五”旅游业发展规划》将得到扎实有效的实施，这不仅将推动我国旅游业发展水平和竞争力再上新台阶，还将为新常态下我国经济社会平稳健康发展、如期实现全面建成小康社会作出重要贡献。

责任编辑：郭海燕
封面设计：中文天地
责任印制：冯冬青

图书在版编目（CIP）数据

中华人民共和国“十三五”旅游业发展规划. -- 北京：中国旅游出版社, 2017.1

ISBN 978-7-5032-5769-8

Ⅰ.①中…　Ⅱ.　Ⅲ.①旅游业发展－经济规划－中国－2016–2020　Ⅳ.①F592.3

中国版本图书馆CIP数据核字（2016）第326027号

书　　名：中华人民共和国“十三五”旅游业发展规划

出版发行：中国旅游出版社
（北京建国门内大街甲9号　邮编：100005）
http://www.cttp.net.cn　E-mail:cttp@cnta.gov.cn
营销中心电话：010-85166503
排　　版：北京中文天地文化艺术有限公司
经　　销：全国各地新华书店
印　　刷：北京工商事务印刷有限公司
版　　次：2017年1月第1版　2017年1月第1次印刷
开　　本：889毫米×1194毫米 1/32
印　　张：2
字　　数：50千
定　　价：10.00元
I S B N　978-7-5032-5769-8
